AF243127

LE

HÉROS DE STRASBOURG.

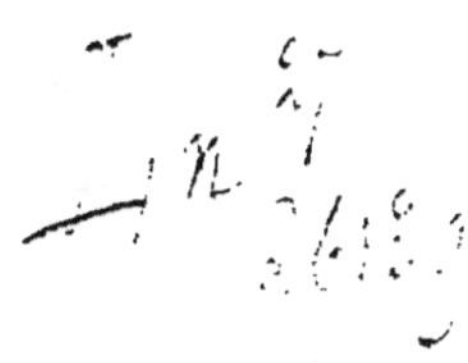

RELIGION ET PATRIE.

LE
HÉROS DE STRASBOURG

LE COMMANDANT DE GÉNIE DUCROT.

ROUEN,

IMPRIMERIE LÉON DESHAYS ET Cᵉ,

Rue Saint-Nicolas, 28 & 30.

MDCCCLXXI.

L'idée de cette notice ne m'est venue que comme une simple rectification de faits arbitrairement racontés dans les journaux.

Plusieurs pourront la trouver incomplète. Ils voudront bien croire que je suis de leur avis. Ce n'est pas une biographie, mais quelques lignes écrites à la hâte sur des notes précipitamment réunies.

E. B.

A MADAME DUCROT.

Madame,

Vous m'avez fait l'honneur de m'associer au deuil de votre vie; permettez-moi de vous offrir ces quelques pages qui seront pour vous un témoignage de respectueuse sympathie, et pour vos enfants, trop jeunes encore pour comprendre les événements qui viennent de se passer et la perte qu'ils ont faite, un souvenir qu'ils retrouveront plus tard, et un enseignement qu'ils ne pourront jamais trop méditer.

Puissent-ils, ces chers enfants, retrouver dans ces quelques lignes, le testament du cœur de leur père, quelques traits de sa noble figure, quelque chose en un mot qui le leur rappelle, avec la dignité de son caractère et sa foi chrétienne, qui était, comme sa bravoure, sans peur et sans reproche.

Puissent-ils grandir avec cette image sous les yeux, et leur vie, conduite avec sagesse, sera comme dit l'Écriture : « la couronne et la consolation de leur mère. »

Ces pages, Madame, que je vous offre, je les présente aussi à cette ville que vous n'appelez plus jamais que votre pauvre Strasbourg. Elles y seront bien accueillies dans cette cité si française par le cœur, et si fière, malgré ses revers, de son brave commandant Ducrot; à Strasbourg, si fidèle dans ses souvenirs, à ses défenseurs comme à notre chère France.

Vous vous rappelez encore, Madame, avec quelle res-

pectueuse sympathie vous y avez été accueillie il n'y a que quelques jours, ces preuves de dévoûment que vous y avez reçues. Pour moi, je n'oublierai jamais ces témoignages d'admiration dont je fus plusieurs fois témoin et même le confident pendant l'exhumation du corps de notre héros.

Gardons-les, pour n'être ni indiscret ni injuste envers personne. Ils vous disent seulement, et ce serait ingratitude que de l'oublier, que Strasbourg se souvient que c'est du sang d'un héros qu'il a été arrosé quand le coup fatal est venu frapper un de ses plus braves défenseurs.

Et par vous, Madame, je les offre, ces pages, à l'illustre et vaillant général, dont toute la vie comme celle de son frère que vous pleurez, peut se résumer dans ces deux mots qui redeviendront, il faut l'espérer, la devise de la France : Dieu et patrie.

Que si, maintenant, elles tombent en d'autres mains, je bénirai Dieu du bien qu'elles pourront faire à ceux qui les liront avec le sentiment qui me les a inspirées.

Quant à ceux qui y apporteraient un esprit de discussion, je les prie de penser que ce n'est pas pour eux qu'elles ont été écrites. Destinées à la famille et aux liens sacrés que le malheur et le dévoûment ont formés autour de vous, elles ne veulent être touchées qu'avec le respect que commande une grande infortune.

Agréez, Madame, l'expression de mes respectueux sentiments.

E. BARRÉ,

Vicaire de Saint-Romain.

Rouen, le 9 octobre 1871.

En la fête de saint Denis, apôtre de Paris et Patron de la France.

LE HÉROS DE STRASBOURG.

LE COMMANDANT DE GÉNIE DUCROT.

Jules-Ambroise Ducrot naquit à Arras, le 14 juin 1824, d'une honorable famille dans laquelle les gloires nationales et la foi chrétienne formaient une même tradition. Il avait deux frères, dont un, le général, et l'autre aujourd'hui ~~lieutenant-~~ colonel d'état-major.

Après avoir achevé ses études, Jules Ducrot entra à l'École polytechnique; puis, le 1er octobre 1846, à l'École d'application de Metz.

Il a fait depuis, successivement, la guerre d'Afrique, en 1850; il y compta 5 campagnes, et s'y distingua par des travaux du génie qui furent remarqués.

La déclaration de guerre de 1855, avec la Russie, le trouva à Paris; il la fit avec un courage et une bravoure qui lui valurent deux citations à l'ordre du jour et la décoration de la Légion d'honneur.

La paix signée, il revint à Paris, en convalescence d'une blessure reçue à l'épaule dans la tranchée à Sébastopol.

Un an après, il célébrait son mariage avec Mlle Françoise-Albertine-Jenny de Caumont, issue d'une des plus honorables familles de Normandie.

Deux mots, qu'il laissa échapper la veille de sa mort, nous révèlent ce qu'il dut être comme époux et comme père. Il s'entretenait avec le commandant de la citadelle, avec qui il partageait les périls de la défense : « Je n'ai connu le bonheur que depuis mon mariage, dit-il, ma femme est un ange qui mè fait oublier ce que j'ai souffert, mais la reverrai-je? reverrai-je mes pauvres enfants! » On verra plus loin encore que sa dernière et sa plus chère pensée fut aussi pour sa femme et ses petits enfants.

Tout son bonheur était de vivre en famille, et ce bonheur, il le goûta plusieurs années qu'il passa à Paris, où l'administration militaire a gardé de lui le souvenir le plus honoré pour les travaux qu'il a exécutés.

J'ai encore sous les yeux les notes données sur lui, en **1866**, par un colonel d'état-major. Elles sont le plus bel éloge que puisse recevoir un homme et un soldat.

Nommé, en **1868**, commandant de génie, il fut envoyé à Strasbourg, qu'il devait illustrer par son héroïque défense, mais aussi, qui devait être son tombeau.

Il y trouva son frère le général, qui commandait la division militaire.

Que de fois ces deux hommes, qui aimaient tant leur patrie, ont exprimé les craintes des probabilités d'une guerre prochaine, et à laquelle nous n'étions pas préparés! Que de fois essayèrent-ils de faire sortir nos gouvernants d'une sécurité que rien ne justifiait, et qui devait être si fatale à la France (1).

+ en 1868
(1) Un chef d'administration, qui a passé plusieurs années à Strasbourg, et qui fréquentait les salons de la division militaire, aux jours de réception, nous racontait, il y a quelque temps, que le général Ducrot n'a jamais manqué une seule fois de manifester ses craintes sur les armements formidables de la Prusse. C'était, chez son frère, les mêmes pressentiments.

Mais rien ne fut écouté. La guerre fut déclarée. On sait le reste. L'empereur en convint à Sedan, mais il était trop tard : « Vos pressentiments sur les intentions de la Prusse, disait-il au général Ducrot, ce que vous m'avez dit de ses préparatifs militaires et du peu de moyens que nous aurions à leur opposer, tout cela n'était que trop vrai. J'aurais dû tenir plus compte de vos avertissements et de vos conseils. »

Et qu'on ne voie pas dans ces paroles, que je viens de citer, des appréciations politiques que je veux éviter à tout prix. Ces paroles appartiennent à l'histoire, je ne fais que raconter. Je n'ai que voulu dire l'usage que les deux frères faisaient de leurs loisirs, à Strasbourg, et comment ils entendaient leur devoir.

C'est dans de telles conditions que Strasbourg fut assiégé. Quoiqu'on ait dit de tous côtés que tout était prêt, en réalité rien ne l'était. Il n'y avait à Strasbourg qu'un régiment d'infanterie, quelques pontonniers du Rhin! des bandes échappées de Wissembourg, et qui n'ont jamais pu être disciplinées. On le verra plus tard. Quant aux soldats du génie, pas un seul ! Ni troupes, ni vivres, ni travaux de défense, que l'on avait refusés sous prétexte d'économies. « Chose incroyable, écrit un jeune sous-lieutenant récemment sorti de l'Ecole polytechnique et attaché à la personne de notre brave commandant, il n'y avait pas à Strasbourg 5 officiers de génie au moment du siége. »

Comment défendre cette place, attaquée par une armée nombreuse et par une artillerie formidable (1)? Ducrot com-

---

(1) Strasbourg n'avait que de vieilles pièces de canon, n'ayant que la demi-portée des pièces prussiennes. Pas même de casemates suffisantes, puisque l'arsenal de la citadelle était en plein air !

prit que tôt ou tard il faudrait tomber, mais il voulut que ce fût avec honneur. Chaque jour le retrouvait vigilant, infatigable, toujours sur la brèche, visitant, sous une pluie de feu, les positions les plus avancées. Tel l'ont connu et jugé le colonel Sabathier et le colonel Rollet, qui succéda au général Moréno dans le commandement de la citadelle, quand ce dernier eût été blessé.

« Lorsque, le 10 août, écrit le colonel Rollet à Mme Ducrot, « j'arrivai à la citadelle, je ne connaissais pas le commandant « Ducrot ; mais, nous voyant chaque jour, affrontant les « mêmes dangers, nous fûmes bientôt de vieilles connais- « sances ; j'étais, du reste, attiré vers lui par ses excellentes « qualités. A partir du 25, nous ne nous quittâmes plus. Le « général Moréno, blessé légèrement, me laissa le commande- « ment de la citadelle, dont le séjour devenait peu habitable, « et nous nous installâmes dans une casemate, l'un près de « l'autre, vivant ensemble, parcourant ensemble tous les ou- « vrages dont la défense nous était confiée. On devient vite « ami dans de telles circonstances, et nous parlions souvent « de nos familles et de nos enfants. C'est vous dire, Madame, « que j'ai connu tous les malheurs qui nous ont frappé, mal- « heurs qu'est venu augmenter encore la perte de cette âme « d'élite, de ce cœur dévoué qui vous aimait tant. »

Que ne puis-je retracer ici la vie de ce héros français, lut- tant chaque jour contre des difficultés insurmontables, multi- pliant ses efforts, toujours vigilant sur les ouvrages de la défense. « Il était pâle de fatigue, racontait plus tard un jeune « officier témoin intime de sa vie, et on voyait bien que « l'énergie morale soutenait seule son corps exténué. » Ce même jeune homme ne parlait qu'en pleurant du chef pour qui il avait déjà conçu une respectueuse et profonde sym- pathie.

Ecoutons aussi un des hommes les plus distingués et les plus honorables de Strasbourg, M. Lamache, professeur à la faculté de droit de cette ville, c'est lui qui nous dira quelque chose des pensées qui animaient alors le bon commandant :

« Ses sentiments, toujours si droits et si nobles, avaient
« acquis, au milieu de ces terribles épreuves et des malheurs
« qu'il ressentait si vivement, une élévation chrétienne et une
« plénitude d'absolu dévoûment, qui sont la marque d'une
« âme prédestinée. »

Que si maintenant on cherche le principe d'une vie si dévouée, si héroïque, j'aurais à montrer le commandant Ducrot, fidèle à ses devoirs de chrétien, assistant régulièrement à la messe, avec noblesse comme sans jactance. On l'a vu même, à plusieurs reprises, s'approcher de la communion en uniforme, pour donner, dit M. Lamache, un bon exemple, malheureusement trop nécessaire !

« Ah ! le commandant Ducrot, me racontait à moi-même
« le digne curé de la citadelle, nous nous retrouvions chaque
« matin à l'église ensemble, et quand l'église fut détruite,
« nous nous réunissions dans une casemate pour faire nos
« prières. Quel héroïque soldat, Monsieur, et aussi, quel
« noble chrétien ! »

Cependant, on était aux premiers jours de septembre. La position devenait de plus en plus difficile, et tout faisait prévoir un prochain et fatal dénoûment.

Ducrot fut des premiers à voir le danger, et, rencontrant un matin le curé de la citadelle, il lui dit ces paroles si tristement prophétiques : « Monsieur le curé, les dangers
« augmentent chaque jour ; je suis le plus exposé de tous,
« probablement je serai tué : si telle est la volonté de Dieu,
« vous ferez savoir à ma femme que je suis mort en soldat et
« en chrétien. »

Malgré tout, malgré un état de souffrance qui pouvait aussi faire craindre pour sa vie, il n'en continua pas moins ses travaux. « Pendant ces six mortelles semaines, écrit M. le curé de la citadelle, on le voyait partout, au milieu d'une grêle d'obus, suivi de son petit zouave, sans faire paraître un seul moment ni fatigue, ni défaillance. » Son cœur ne s'en reportait pas moins, non plus, de temps à autre, vers sa famille, vers ses affections les plus chères. Le 16, il écrivit à sa femme :

« Strasbourg, 16 septembre 1870.

« MA CHÈRE JEANNE,

« On me fait espérer que cette lettre pourra t'arriver par
« la Société Internationale de Bâle. Déjà, il y a deux jours,
« je t'ai adressé de mes nouvelles par le même intermédiaire.
« Je n'ose espérer qu'elles te seront parvenues.

« Je te répète donc ce que je te disais à la date du 14;
« j'occupe la même position qu'à ton départ de Strasbourg, je
« me porte bien, et, grâce à Dieu, je n'ai pas été blessé. Je
« pense bien à toi et à nos chers enfants; ayons confiance
« dans la bonté et la miséricorde de celui qui tient nos desti-
« nées entre ses mains; espérons qu'il nous réserve des jours
« meilleurs.

« Je te serre sur mon cœur, ainsi que nos chers enfants.

« A toi de tout cœur,

« JULES.

« Amitiés à toute la famille. »

Hélas, cette lettre fut la dernière.

Le 23 septembre, au matin, il alla diriger des travaux importants, malgré le peu de succès qu'il se promettait, mais, sachant qu'il devait tomber, il voulut que ce fût avec honneur, et lui au moins disait vrai quand, ne pouvant sauver la place, il allait s'ensevelir sous ses ruines. Il allait rentrer, pour s'occuper, ce jour-là, de ses affaires. C'était, dit le colonel Rollet, la première fois qu'il pensait à lui. De plus, son énergie avait bien fait taire toutes ses souffrances, mais le mal comprimé n'avait fait que s'aggraver. Il pensa donc à louer une chambre pour se soigner, et s'occupa d'y faire porter le peu d'objets qui avaient échappé au feu et au pillage. Il n'avait pas voulu, au commencement du bombardement, s'occuper d'intérêts matériels; réfugié dans une casemate, il n'y introduisit qu'un seul meuble de luxe, un fauteuil en tapisserie, brodé par sa femme (1).

Il allait rentrer chez lui, lorsqu'à quelques pas de sa casemate, il dit à son petit zouave : « Rentre vite, car là tu es exposé. » Au même instant, il fut lui-même frappé à la tête d'un obus, qui le tua sur le coup. « J'arrivai de suite, me dit plus tard M. le curé de la citadelle, il était trop tard. Mais si le soldat fut surpris par la mort, le chrétien l'attendait depuis longtemps, il y était préparé.

M. Lamache nous l'a déjà montré avec cette élévation chrétienne et ce sentiment de dévoûment absolu, qui sont la marque de la prédestination; un jeune homme qui allait entrer à l'école de génie de Metz quand la guerre éclata, et qui fut attaché comme auxiliaire à M. Ducrot, raconte les mêmes faits, avec une semblable émotion : « Je l'aimais et le vénérais, dit-il. La nouvelle de sa mort a été comme un coup de foudre parmi les officiers de la citadelle. C'est une perte irréparable! Quel officier et quel homme. »

---

(1) Lettre du colonel Rollet.

Le lendemain 24, le comité de défense décida que le bastion 22 porterait le nom de *Bastion Ducrot*, et c'est par l'ordre du jour (1) suivant que le général Uhrich donna connaissance de cette décision à l'armée et à la ville.

6e **DIVISION MILITAIRE,**
    ÉTAT-MAJOR.

ORDRE.

« Le commandant du génie Ducrot, dans la journée du 23
« courant, est tombé sous le feu de l'ennemi, au milieu de
« son commandement, dans le bastion 22.

« Le général de division, commandant supérieur, pour
« honorer la mémoire de ce brave et énergique officier su-
« périeur, décide, qu'à l'avenir, le bastion 22 s'appellera
« le *Bastion Ducrot.* »

« Fait au quartier général,

« Strasbourg, le 24 septembre 1870.

« *Le général de division, commandant supérieur,*

« UHRICH. »

Le même général écrivait, quelques temps après, la lettre suivante, que nous avons aussi sous les yeux :

« MONSIEUR,

« C'est avec le plus profond chagrin que je réponds à
« votre lettre.

---

(1) « Cet ordre du jour, écrit le colonel Sabathier à Mme Ducrot, sera, pour votre cher fils, le plus beau titre de noblesse. »

« La nouvelle n'était que trop vrai, hélas! Le commandant
« Ducrot a été tué sur les remparts, emporté par un obus.
« Sa mort a laissé un grand vide dans ma vaillante garni-
« son de Strasbourg, et il a été pleuré et regretté de tous
« ceux qui, comme moi, ne pouvaient jamais assez apprécier
« les hautes qualités qui faisaient de cet officier un homme
« éminemment exceptionnel.

« Recevez,....

« **UHRICH.** »

Le surlendemain, 26 septembre, les obsèques furent célé-
brées à l'hôpital militaire, l'église de la citadelle n'étant
plus qu'un amas de ruines. Malgré les plus grands dangers
qu'il y avait à sortir dans les rues, sous le plus effroyable
bombardement, la population tint à y assister, et à rendre
hommage à l'héroïque défenseur de Strasbourg.

Tous, officiers, soldats, bourgeois, avaient le sentiment de
la perte qu'ils venaient de faire. C'était le dernier espoir de
la délivrance qui s'évanouissait. Un seul mot était sur toutes
les lèvres, et tout le monde le répétait : « La perte est irréparable ! »

Aussi, peut-on juger quel effet produisit, dans une telle
assemblée, la courte et émouvante allocution que prononça
un religieux barnabite, aumônier des blessés à Strasbourg (1).

« GÉNÉRAL (2).

« MESSIEURS,

« Vous ne vous lassez point de combattre ni de succomber

---

(1) Nous remercions la *Semaine de Nevers* de nous l'avoir con-
servée.
(2) Général Uhrich.

au poste de l'honneur, et moi, qui ne puis quitter le chevet de nos blessés que pour répandre les prières de l'Église sur les restes mortels de nos braves, je ne dois point me lasser de jeter dans vos âmes la sainte parole de la force et de l'encouragement.

» Permettez-moi, en même temps, de déposer au pied de ce cercueil le juste tribut de nos éloges et de nos éternels regrets, et de pleurer avec vous sur la perte irréparable que nous venons de faire dans la personne de M. Ducrot, chef de bataillon du génie, officier de la Légion d'honneur, qui a succombé hier au poste du devoir.

« Il était frère du vaillant général Ducrot, qui a laissé, par sa charité et sa bravoure, d'impérissables souvenirs dans cette cité de Strasbourg. Jules Ducrot possédait, comme son frère, les brillantes qualités et les solides vertus qui font le chrétien qui ne rougit point de son Dieu, le citoyen qui aime sa patrie et le soldat qui sait mourir pour elle! Il était un solide chrétien et savait allier les austères pratiques de la foi avec les convenances sociales et les devoirs du métier. Ce qui paraît incompatible aux hommes dépourvus du sens religieux se rencontrait chez lui dans un merveilleux accord. Nature ardente pour le bien, il avait su gravir, à force de se dompter, les hauteurs sublimes de la vertu. C'est là, Messieurs, que vous avez découvert les trésors de bonté dont son âme était remplie, son affabilité envers ses égaux, son dévoûment au devoir, sa condescendance à l'égard des soldats, sa fermeté dans le commandement dont il pratiquait la paternité.

« Justice lui fut rendue. Hier soir encore, deux militaires qui appartenaient à son bataillon pleuraient à la porte de l'ambulance... J'essayais de les consoler... « Ah! dirent-ils, « notre commandant était bien bon, il ne sera pas rem- « placé... »

« Cet aveu et ces larmes sont plus éloquents que toutes mes paroles.

« Où irai-je chercher, Messieurs, la source de tant de valeur, si ce n'est dans une famille chrétienne et dans les fécondes inspirations de la religion pratique?

« Ah! laissez-moi placer ici le souvenir de vos mères; vous leur devez votre bonté, votre bravoure. Tout ce qui se rencontre de délicatesse et de force, de sainteté et d'honneur dans votre vie n'est qu'un épanchement de leur cœur dans le vôtre; ce sont elles qui, selon l'originale pensée de Joseph de Maistre, *vous ont appris à craindre Dieu et à n'avoir pas peur du canon.*

« C'est à une de ces mères, c'est à une de ces familles, que la mollesse des temps modernes fait malheureusement disparaître, que notre regretté commandant devait son incomparable bravoure.

« Et vous ne me donnerez point de démenti, Messieurs, si j'ajoute que c'est à la religion consciencieusement pratiquée que M. Ducrot devait sa grandeur et sa force morale. Il comprenait, en effet, que la foi catholique, dans laquelle il avait eu le bonheur d'être baptisé, est l'inspiratrice de tout bien, la puissance créatrice de toute vertu vraie, qu'elle ne saurait exercer sa salutaire influence sur tous les actes de la vie qu'à la condition d'être acceptée avec son dogme, sa morale et ses pratiques.

« Il se confessait, il communiait avec la simplicité d'un enfant et le rare bon sens d'un homme qui sait que sa raison ne s'affaiblit pas en se soumettant à celle de Dieu.

« Par là, il réduisait à néant les folles théories des sophistes qui ne voient dans la religion qu'un idéal, en repoussent les enseignements et les grâces régénératrices et ne l'acceptent, dans les relations sociales où elle se trouve engagée, que par intérêt ou par politique.

« Grave erreur, Messieurs, car il n'y a pas de discipline sans loi, pas de loi sans la sanction de l'autorité dont Dieu est le principe : *omnis potestas a Deo ;* et si vous reléguez la religion, qui est le fondement de tout, dans les régions de l'abstrait ou d'un idéal mensonger, vous préparez la catastrophe de l'ordre social tout entier ; en détruisant la foi religieuse vous ruinez du même coup la foi politique dont elle est la base essentielle : « Il est plus facile, disait l'historien « Plutarque, de bâtir une ville dans les airs que de fonder un « Etat sans religion. »

« Et n'est-ce pas du mépris de ces vérités que sont nées les barbares maximes du droit moderne, *de la force qui prime le droit,* que nos ennemis pratiquent depuis deux mois, aux portes de cette ville, où ils mettent tout à feu et à sang, avec une sauvagerie qui, depuis le règne du cimeterre de Mahomet, ne rencontre pas d'exemples dans l'histoire ?

« C'est en présence de ces atrocités que le commandant Ducrot se trouvait placé. Il avait compris sa mission.

« Citoyen vraiment chrétien, il savait aimer sa patrie, et le pur sang français coulait dans ses veines avec une rare abondance. Quoi d'étonnant, Messieurs, « la patrie n'est-elle pas le « prolongement de la famille. »

« Elle est notre sol, elle conserve notre histoire et notre nationalité, elle abrite notre berceau et notre foyer, elle protège et alimente notre vie, elle couvre nos tombes pour l'immortalité ! Et lorsque cette patrie s'appelle la France, que ne doit-on pas faire pour elle ? Et quand l'ennemi foule son sol de son pied oppresseur, ou quand il attaque ses villes et ses campagnes, avec une barbarie sans nom, pour lui ravir avec son honneur une partie de son territoire, nos sacrifices doivent se mesurer à la profondeur de nos périls. O France ! tout ce qu'il y a d'or dans nos bourses et de sang dans nos veines t'appartiennent et ne sera jamais trop pour la rédemption de ton indépendance et de ta foi! Et « si jamais « nous t'oublions, ô ma noble patrie ! que notre main droite « s'oublie elle-même. » *Si oblitus fuero tui, Jerusalem, oblivioni detur dextera, mea.*

« Le divin Maître, Messieurs, n'a-t-il pas répandu des larmes sur sa patrie, selon la chair, et n'a-t-il pas fondé par là dans nos âmes le patriotisme qui ne recule devant aucun sacrifice et qui ne fléchit devant aucun danger?

« Religion et patrie ne font donc qu'une même chose, et au jour où des mains sacriléges ont voulu détacher la patrie de la religion, elles ont tué le patriotisme et l'ont remplacé par l'égoïsme et l'ambition personnelle.

« Qui dira les tristesses du commandant Ducrot en présence de nos ruines? Il ne s'en pouvait consoler que dans sa foi. Quelques jours avant sa glorieuse fin, il répétait à un de ses amis la parole d'un grand pape : *Et qui in cunctis deliquimus, in cunctis ferimur*.... En présence de tant de malheurs, le sacrifice de sa vie, pour sa patrie, devenait la preuve suprême de son amour pour elle.

« Il sut mourir en héros.

« Je n'ai rien à vous apprendre, Messieurs, sur la lutte inégale que vous soutenez depuis un mois contre des forces vingt fois supérieures aux vôtres. L'histoire dira que vous vous êtes montrés dignes de votre ancien renom.

« M. le commandant Ducrot a partagé tous vos périls ; il s'est présenté devant l'ennemi avec l'invincible constance du juste : jour et nuit sous des nuées de projectiles, sur les remparts, aux postes avancés, là où il y avait un danger, il était, par ses exemples, le mot d'ordre et la force du soldat... C'est là qu'il est tombé, plus glorieux et plus vaillant dans la mort qu'il ne l'avait été dans la vie....

« Oui, Messieurs, s'il est une gloire, c'est de mourir martyr pour la défense du droit et de la justice, pour le salut de la patrie : *dulce et decorum pro patria mori.*

« Je dépose ces éloges, avec mes larmes et mes prières, sur le cercueil de ce brave défenseur du sol natal.... Puissent-ils être une consolation pour la famille qui le pleure ; pour l'illustre général qui perd en lui plus qu'un frère ; pour vous enfin, Messieurs, qui sentez mieux que personne, dans ces jours de périls, le poids de cette irréparable perte.

« O vous qui avez payé à la patrie le tribut de votre sang, pieux et noble héros, adieu !

« Adieu au nom de la France que vous avez tant aimée !

« Au nom de votre famille que votre glorieuse mort consolera !

« Au nom de vos amis, qui conserveront le souvenir de vos vertus. Du haut du ciel, où vous jouissez de la récompense, servez-nous encore auprès du Tout-Puissant, afin qu'oubliant ses justices il n'ait plus pour nous que des miséricordes.

« Adieu !

« Et vous, Messieurs, courage toujours ! Vous êtes en ce moment les mandataires de la patrie qui vous contemple. Défendez, jusqu'à la mort, cette place qui est la clé de la France et le rempart de l'honneur national. Et si, à votre tour, vous devez succomber, rappelez-vous qu'au-delà de notre exil en ce monde, il est un livre que l'Ecriture appelle « le livre « de la vie : » *Liber vitæ,* où sont inscrits les noms de ceux qui ont combattu le bon combat et auxquels Dieu a accordé une couronne que le temps ne flétrira pas, car elle est immortelle ! »

Après le service funèbre, on conduisit le cercueil au Jardin Botanique, où déjà bon nombre de morts avaient été enterrés.

« J'ai eu la dernière consolation de suivre son cercueil jusqu'au cimetière, écrit M. le curé de la citadelle. Malgré les obus qui sifflaient sur nos têtes, le convoi était immense. Je marchais entre le général Barral et l'amiral Excelmans. Le général Uhrich et l'aumônier militaire marchaient en tête du convoi. Toutes les autorités militaires de la ville et de la citadelle se trouvaient réunies pour rendre hommage à ce noble défenseur de la patrie. »

Sur les bords de la tombe, le colonel Sabathier, d'une voix entrecoupée de larmes, prononça les paroles suivantes :

« Messieurs, je vous remercie d'être venus vous associer à nos regrets, nous perdons dans le commandant Ducrot un camarade excellent, un officier parfait qui nous lègue les plus nobles exemples. Sa carrière militaire a été belle et bien remplie. Blessé devant Sébastopol, jamais, malgré ce coup de feu, il n'a voulu cesser son service actif. Au printemps dernier, frappé cruellement dans ses plus chères affections de famille (1), atteint d'une maladie grave, il était forcé d'aller demander aux eaux de Bourbonne un retour de force et de santé. mais le premier bruit de guerre le ramenait au poste de l'honneur et du danger. Il est resté debout pendant 46 jours dans notre citadelle, sans accepter un seul instant de repos. Il y a deux jours, quand je lui en parlais, il me répondit : « Je ne me « suis plaint à personne de ma santé. » Il est mort en soldat, loin d'une famille bien aimée, et reçoit maintenant, dans un monde meilleur, la récompense de toutes les vertus que nous admirions en lui. Ducrot était pour moi un véritable ami. Messieurs, vous l'avez vu au poste du péril et de l'honneur, vous avez admiré son courage, il l'a cherché auprès de son

---

(1) Il s'agit d'une fille de neuf ans, décédée le 4 mars 1870.

Dieu... Aujourd'hui, suivons son exemple. Nous le pleurerons demain ! »

Une petite croix de bois signala seule cette tombe, qui fut bientôt visitée et honorée comme la tombe d'un martyr. « Cette tombe est soignée, écrit une jeune fille, on y a placé des pots de fleurs, et, à chaque instant, le gardien du jardin va y déposer des couronnes et des bouquets. »

C'est en cet état que nous l'avons trouvée à un an de distance, lorsque, le 25 septembre dernier, nous sommes allé chercher les restes mortels de ce héros. Cette tombe, on le voyait bien, on sut aussi nous le dire, était chère et vénérée pour toute la ville : « C'était notre défenseur, répétait-on à l'envi, » et, du reste, nous qui écrivons ces lignes et qui avons été témoin de ces témoignages de respect, nous nous sentons ému quand nous pensons quelle a dû être la vertu qui a su inspirer une semblable admiration.

De retour à Rouen, une messe basse fut célébrée au cimetière monumental, le corps présent et entouré de la famille.

Cette tombe sera peut-être plus solitaire que ne fut celle de Strasbourg (1), mais elle sera au moins la consolation d'une grande douleur, et la terre qui recouvrira le corps de cet héroïque soldat, qui a tant aimé la France, n'aura pas cessé de s'appeler une terre française !

Et maintenant, pauvre et chère Alsace, c'est vers toi que je reporte ma dernière pensée, vers toi si catholique et si française, vers toi, arrachée si brutalement des bras de la com-

---

(1) Disons pourtant qu'au départ de Strasbourg un paquet nous fut remis, avec prière de ne l'ouvrir qu'à Rouen. Il contenait une magnifique couronne avec ces mots : « Les habitants de Strasbourg. » Cette couronne est maintenant sur la tombe du défunt.

mune patrie. Ah ! pardonne-moi d'avoir dit que ton nom
était maintenant le nom d'une terre étrangère.

De barbares ennemis, qui sont les nôtres comme les tiens,
t'ont meurtrie, écrasée, et n'ont pas même gardé la modéra-
tion de la victoire, puisqu'ils font peser sur toi un joug de
fer. N'oublie pas la France, qui elle gardera ton souvenir !

Elle te tendra les bras. Elle t'attendra comme on attend le
retour du plus cher des absents, et les années de ta capti-
vité seront pour elle des années de deuil et d'angoisses.

Dernièrement, arrivaient à mes oreilles les accents plaintifs
d'un de tes enfants, ô Alsace ! j'y ai reconnu ta voix si
vibrante de foi chrétienne et de patriotisme. Je veux les
faire vivre, ces accents, comme un écho lointain de la dou-
loureuse agonie et comme un enseignement que toi, ma sœur,
qui as tant souffert, as bien le droit de me donner :

« O France ! baignée de sang et abattue sur tes armes
brisées, les nations te contemplent avec une stupeur étrange,
et leur cœur s'est glacé d'effroi. Nulle part une main secourable.
Remettons notre cause au juste Juge, et, devant lui, rendons
nos derniers combats. Qu'il voie notre union, et que, lui seul,
il la protège. Si, dans un conseil incompréhensible, il souffre
qu'elle soit brisée par un barbare, France, je ne perdrai jamais ta mémoire. Sept siècles française et sept allemande, j'ai
partagé la vie de tes jeunes années pour te rejoindre dans les
temps de ta plus noble grandeur. Non, France, je ne perdrai
jamais ta mémoire. Et même, après ta chûte de si haut, nous
faut-il quitter toute espérance ? Est-ce la ruine ou plutôt
n'est-ce pas l'épreuve ? Epreuve, hélas ! non imméritée, et
que les sages avaient prédite. Quelles erreurs et quels guides
malheureux t'ont conduite au bord de l'abîme ? Des hommes
de mensonge ont résolu de te séduire, et, connaissant ce
que Dieu t'avait faite, ils ont parlé avec perfidie à ton âme

sensible et à tes généreux instincts. Et, connaissant pourquoi Dieu t'avait faite, ils ont retourné ta force et ton génie contre l'œuvre que tu devais servir. En tout, le contraire de ta vocation. Et on te vit alors abattre ce que tu avais édifié, disperser ce que tu avais amassé. Toi, la plus ancienne des nations, ils t'ont fait renier toute chose de ton passé, toute tradition de tes pères, dans une fureur étonnante de méconnaître et de calomnier et tes gloires et tes grands hommes et toi-même. Toi, des nations la plus noble, ils t'ont faite l'ennemie de tout respect. Toi, la fille aimante de tes rois, on t'a déchaînée contre la race qui a construit ton empire, et, souvenir ineffaçable d'horreur ! on a couvert tes mains de leur sang. Toi, fille héroïque et préférée de l'Eglise sainte, tu as milité contre le Christ, le poursuivant dans l'autel où il repose, dans les pontifes qui transmettent sa parole, dans l'Europe qui t'avait pour devancière dans la foi et à qui tu appris à le blasphémer, enfin, le dirai-je? et veuille ce Dieu qui pardonne ôter de toi cette réprobation, dans le cœur des pauvres qu'il est venu consoler. Ils sont là toujours, appliqués à leur œuvre auprès de ton peuple. Ils lui ont comme enseigné l'ignorance, car il ne sait plus rien de ce qui l'honore et il n'en veut rien savoir. Quel renversement, grand Dieu ! et comment expliquer ce mystère? Hélas! par ta mission elle-même que le ciel t'avait donnée si grande. Ceux qui conspiraient contre la vérité pensèrent la vaincre, s'il était donné de te tourner contre elle, née que tu étais pour la servir, et avec la sagesse du mal, ils ont songé à tout dénaturer en toi, à te faire étrangère à toi-même. Comme celui qui, méditant un crime, renferme le poison dans une urne élégante, afin d'offrir la mort plus sûrement, ils ont confié au charme de tes lèvres la négation et le doute recueillis dans cette même Allemagne qui t'apporte aujourd'hui la cruelle peine et les fléaux.

« Toujours habiles à te décevoir, il ont dénoncé tes rois augustes comme les adversaires de ton indépendance et de ta grandeur. Le trône antique est maintenant dans la poussière des choses passées et tu t'en es crue plus puissante. Mais une humiliation t'est survenue, inouie dans toute ta longue histoire, et, voici que moi-même, le don de tes rois, je te suis arrachée. Fertiles en sophismes pour te déguiser le devoir, ils t'ont su détourner de la cause du commun père en enseignant que le lien nécessaire d'un peuple est son langage, et moi qui suis tienne, mais qui ai d'autres accents, je te suis arrachée. D'intervenir dans cette cause, pour toi la source de tant d'honneurs, ils te l'ont interdit, en retenant ton épée ; mais à cette heure la violence qui s'exerce sur toi est sous les yeux des hommes, comme un spectacle qui ne les touche point, tu es laissée seule dans ta détresse, et pour ta cause nulle épée ne se tire.

« Ainsi, tu as subi des travaux pour amener ta ruine, et on n'achèverait point de dire ce que tes séducteurs t'ont fait commettre contre ton honneur, contre ta grandeur, contre ta vie. Réputée la plus forte et la plus intelligente, tu es vaincue par la force et aussi par l'intelligence dans ce même art de la guerre où tu ne connaissais point de maîtres. Et déjà il se répète dans le monde que ta chûte vient d'une faiblesse intérieure et secrète, que ta force est épuisée à jamais.

« O France, éloignons ce triste augure, et consens toi-même à te sauver. Par un noble besoin qui te vient de ta naissance, tu ne peux exister sans une foi et sans un dévoûment. Tu ne peux servir faiblement ni la vérité ni le mensonge. De là viennent tes grandeurs et delà aussi tes fautes immenses. Tu peux choisir encore, et le Dieu qui t'a si libéralement dotée et pour des fins si belles, attend l'heure de ton retour. Ah! fais qu'elle soit prochaine. Reprends les chemins désertés, où sont pour toi l'honneur, la félicité et la puissance. Confesse ton Dieu et suis sa loi, honore la famille, couvre de ta force la faiblesse et le droit, respecte l'ordre, fondement de la juste liberté, surtout respecte, aime et défends la chaste vérité, source de tout bien. Tes beaux traits originels ne sont pas effacés encore. Que de ressources pour une vie nouvelle et quels gages de résurrection! Parmi tes infidélités que de tendances généreuses, d'action nobles, d'œuvres saintes et de travaux bénis! En ce moment, quelles morts héroïques et quel sang versé dans l'embrassement du Christ!

« Le Ciel te regardera et tu ne périras point, mais tu grandiras de nouveau. J'en attends le jour qu'il a marqué, moi ton amie désolée, mais constante. Et qui pourrait craindre cet événement, si ce n'est ta cruelle ennemie? qui s'attristera et ne se réjouira point de voir la plus sympathique des nations vouer à la cause du bien et de la sagesse ce grand courage et ces dons exquis, charme et ressource de l'univers, par où tout peuple sur la terre trouve en toi quelque chose d'une patrie? Que Dieu te sauve de ton angoisse infinie et guide ta destinée par sa bonté puissante! Il ne permettra point que pour toujours on nous désunisse. Moi, France, quelque soit notre sort, non, je ne perdrai jamais ta mémoire.

« Strasbourg, janvier 1871. »

Rouen. — Imp. Léon Deshays et comp.

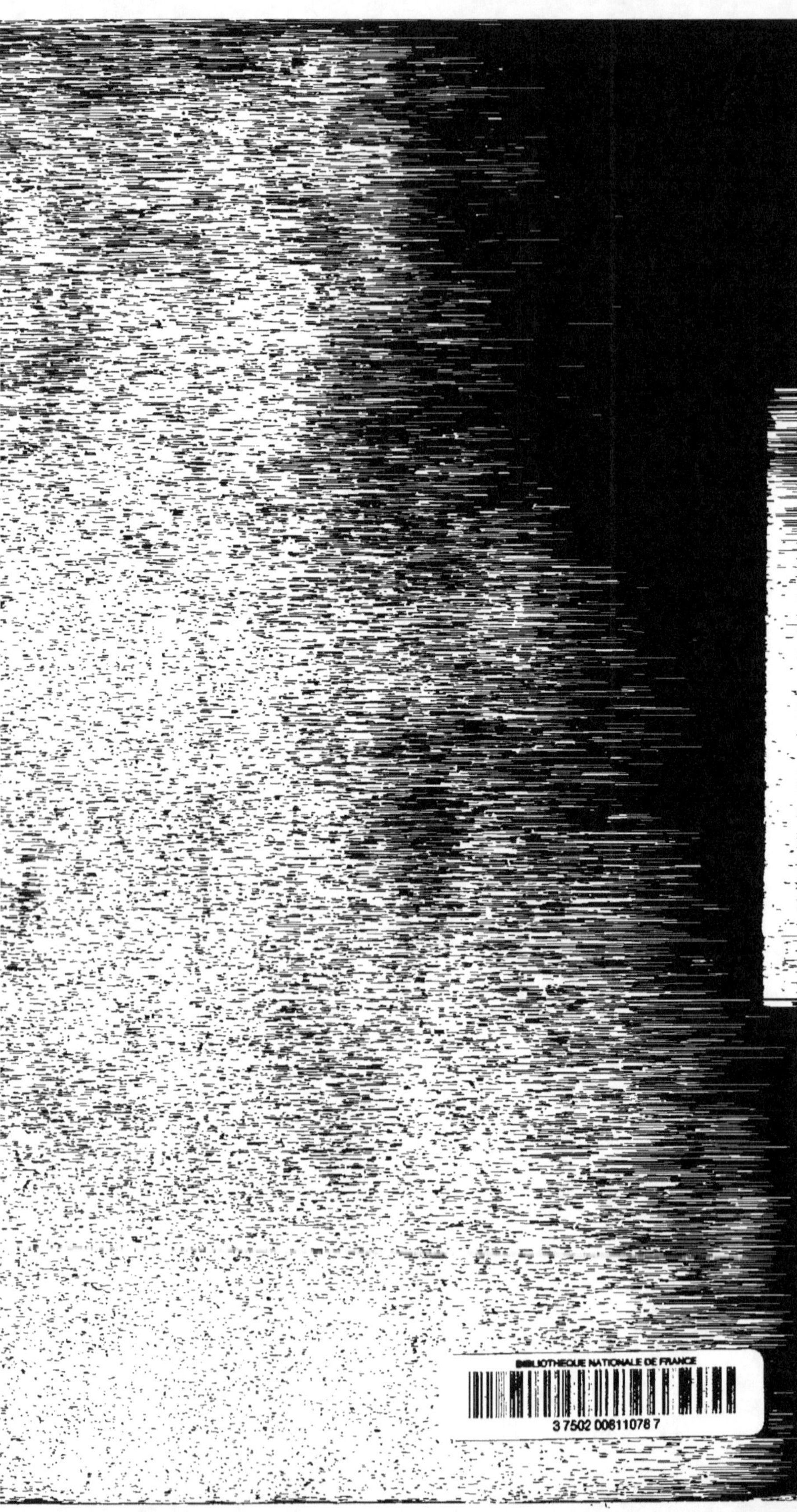
BIBLIOTHEQUE NATIONALE DE FRANCE
3 7502 00611078 7